Überraschung für die Kids

Alle Kinder lieben Muffins und wenn die dann auch noch so süß klein und hübsch verziert auf dem Teller liegen, ist die Freude doppelt groß. Alle Muffins sind schnell zubereitet und gelingen auf Anhieb, werden fantasievoll, aber nicht zu aufwendig verziert und schmecken einfach überzeugend gut!

MINI MUFFINS FÜR KIDS

Schoko-Muffins

Ganz einfach und so gut, dass Ihre Kinder bestimmt oft Schoko-Muffins möchten.

Gelingt leicht

Zutaten für 24 Mini-Muffins:
Für den Teig:
100 g Schokoriegel oder Schoko-Keksriegel
200 g Mehl
1/2 TL Zimt oder gemahlene Bourbon-Vanille
1 1/2 TL Backpulver
1/2 TL Natron
1 Ei • 80 g Zucker
60 ml Pflanzenöl
200 g Buttermilch, Joghurt oder saure Sahne
Für die Backform:
Fett oder 24 Mini-Papier-Backförmchen
Zum Verzieren:
100 g weiße oder dunkle Schokoladen-Kuvertüre
Zuckerperlen und bunte Smarties

• Zubereitungszeit: 40 Min.
• Backzeit: 15 Min.

Pro Stück etwa: 475 kJ/115 kcal

1

Den Backofen auf 180° (Umluft 160°) vorheizen. Das Muffinblech fetten und in den Gefrierschrank stellen (Seite 18).

Oder Papier-Backförmchen aufs Backblech setzen.

2

Die Schokoriegel in kleine Stücke schneiden. Das Mehl in eine Schüssel geben und mit den Schokostückchen, dem Zimt oder der Vanille, dem Backpulver und dem Natron sorgfältig vermischen.

3

In einer anderen Schüssel das Ei leicht verquirlen. Den Zucker, das Öl und die Buttermilch, den Joghurt oder die saure Sahne dazugeben und gut verrühren. Die Mehlmischung zur Eimasse geben und nur so lange verrühren, bis auch die trockenen Zutaten feucht sind.

4

Den Teig in die Blech-Vertiefungen oder die Backförmchen füllen, so dass die Förmchen voll sind. Im Backofen (Mitte) etwa 15 Min. backen. Die Muffins etwa 5 Min. im Backblech ruhen lassen, dann herauslösen (Seite 18) und auf einem Kuchengitter abkühlen lassen.

5

Die Kuvertüre in Stücke hacken und im heißen Wasserbad unter Rühren schmelzen. Die Muffins in die Kuvertüre tauchen und etwas antrocknen lassen (Seite 19). Mit Zuckerperlen und Smarties hübsch verzieren.

Babypüree-Muffins

Schön weich und saftig – ideal also für Kleinkinder.

Raffiniert

Zutaten für 24 Mini-Muffins:
Für den Teig:
2 mittelgroße Äpfel (etwa 150 g)
100 g Löffelbiskuits
150 g Mehl • 1/2 TL Zimt
2 TL Backpulver
1 Ei • 80 g Zucker
1 Päckchen Vanillezucker
60 ml Pflanzenöl
1 Gläschen süßes Baby-Püree (190 g)
50 g Sahne
Für die Backform:
Fett oder 24 Mini-Papier-Backförmchen
Zum Verzieren:
100 g Vollmilchkuvertüre
60 g gehackte Pistazien oder grüne Zuckerperlen
200 g Marzipan-Rohmasse
100 g Puderzucker

• Zubereitungszeit: 50 Min.
• Backzeit: 15 Min.

Pro Stück etwa: 765 kJ/185 kcal

Verwenden Sie beim Babypüree die Lieblingssorte Ihres Sprösslings!

Den Backofen auf 180° (Umluft 160°) vorheizen. Das Muffinblech fetten und in den Gefrierschrank stellen (Seite 18). Oder Papier-Backförmchen aufs Backblech setzen.

Die Äpfel schälen und ohne das Kernhaus grob raspeln. Die Löffelbiskuits in eine Plastiktüte geben und mit dem Teigroller darüber rollen, bis sie fein zerbröselt sind. Das Mehl mit den Bröseln, den Apfelraspeln, dem Zimt und dem Backpulver sorgfältig vermischen.

In einer Schüssel das Ei leicht verquirlen. Den Zucker, das Öl, das Babypüree und die Sahne unterrühren. Dann die Mehlmischung dazugeben und nur so lange verrühren, bis auch die trockenen Zutaten feucht sind.

Den Teig in die Blech-Vertiefungen oder Backförmchen füllen. Im Backofen (Mitte) etwa 15 Min. backen. Die Muffins etwa 5 Min. im Backblech ruhen lassen, dann herauslösen (Seite 18) und auf einem Gitter abkühlen lassen.

Die Kuvertüre hacken und im heißen Wasserbad schmelzen. Die Muffins darin eintauchen (Seite 19). Mit Pistazien oder Zuckerstreuseln bestreuen. Das Marzipan mit dem Puderzucker verkneten, zu kleinen Lämmchen formen und auf die Mini-Muffins setzen.

Bananen-Bienchen-Muffins

Mit Mini-Bienchen als Dekoration, die garantiert nicht stechen.

Braucht etwas Zeit

Zutaten für 24 Mini-Muffins:
Für den Teig:
50 g Honig Smacks • 150 g Mehl
1 Päckchen Vanillepuddingpulver
1 1/2 TL Backpulver • 1/2 TL Natron
1 Ei • 80 g flüssiger Honig
60 ml Pflanzenöl • 100 g Buttermilch
1 reife Banane
Für die Backform:
Fett oder 24 Mini-Papier-Backförmchen
Zum Verzieren:
200 g Marzipan-Rohmasse
100 g Puderzucker
50 g Zartbitter-Kuvertüre
48 Mandelblättchen
50 g Butter • 50 g Honig
1/2 TL Zimt

• Zubereitungszeit: 50 Min.
• Backzeit: 15 Min.

Pro Stück etwa: 575 kJ/140 kcal

1

Den Backofen auf 180° (Umluft 160°) vorheizen. Das Muffinblech fetten und in den Gefrierschrank stellen (Seite 18). Oder Papier-Backförmchen aufs Backblech setzen.

2

Die Honig Smacks in eine Plastiktüte geben und mit einem Teigroller drüberrollen, bis sie fein zerbröselt sind. Das Mehl mit den Bröseln, dem Puddingpulver, dem Backpulver und dem Natron sorgfältig vermischen.

3

In einer Schüssel das Ei leicht verquirlen. Den Honig, das Öl und die Buttermilch gut unterrühren. Die Banane schälen, mit einer Gabel zerdrücken, untermischen. Die Mehlmischung zur Eimasse geben und nur so lange verrühren, bis auch die trockenen Zutaten feucht sind.

4

Den Teig in die Blech-Vertiefungen oder Backförmchen füllen. Im Backofen (Mitte) etwa 15 Min. backen. Die Muffins etwa 5 Min. im Backblech ruhen lassen, herausnehmen (Seite 18) und auf einem Gitter abkühlen lassen.

5

Die Marzipan-Rohmasse mit dem Puderzucker verkneten (Seite 18). Kügelchen daraus formen und zu einem Bienenkörper drücken. Die Kuvertüre schmelzen (Seite 19), in einen Spritzbeutel füllen und Streifen auf den Bienenkörper zeichnen. Jeweils 2 Mandelblättchen als Flügelchen anstecken. Die Butter mit dem Honig und dem Zimt erhitzen und wieder abkühlen lassen. Die Muffins darin eintauchen und die Glasur leicht antrocknen lassen. Die Bienchen auf die Mini-Muffins legen.

Bifi-Muffins

Zur Abwechslung mal was Pikantes – vielleicht als Pausensnack?

Raffiniert

Zutaten für 24 Mini-Muffins:
Für den Teig:
3 Bifi-Salamis (je 25 g)
1 große Tomate
1 mittelgroße grüne Paprikaschote
200 g Mehl
1/2 TL Salz
1 1/2 TL Backpulver
1/2 TL Natron
1 Ei • 50 ml Olivenöl
180 g Buttermilch
Für die Backform:
Fett oder 24 Mini-Papier-Backförmchen
Zum Verzieren:
2 Bifi-Salamis (je 25 g)
4 kleine Essiggurken
Mayonnaise

• Zubereitungszeit: 40 Min.
• Backzeit: 15 Min.

Pro Stück etwa: 370 kJ/90 kcal

1

Den Backofen auf 180° (Umluft 160°) vorheizen. Das Muffinblech fetten und in den Gefrierschrank stellen (Seite 18). Oder Mini-Papier-Backförmchen aufs Backblech setzen.

2

Die Bifis in kleine Stücke schneiden. Die Tomate und die Paprika waschen und klein würfeln. 48 Tomatenwürfel als Augen beiseite legen.

3

Das Mehl mit den Salami- und den Paprikastücken, dem Salz, dem Backpulver und dem Natron sorgfältig vermischen. In einer Schüssel das Ei leicht verquirlen. Das Olivenöl, die Tomatenwürfel und die Buttermilch dazugeben und gut verrühren. Die Mehlmischung nur so lange unterrühren, bis auch die trockenen Zutaten feucht sind.

4

Den Teig in die Blech-Vertiefungen oder Backförmchen füllen. Im Backofen (Mitte) etwa 15 Min. backen. Die Muffins etwa 5 Min. im Backblech ruhen lassen, dann herausheben (Seite 18) und auf einem Gitter gut abkühlen lassen.

5

Zum Verzieren die Bifis in Scheibchen schneiden. Die Essiggurken halbieren, in Scheibchen schneiden. Jeweils 1 Tupfen Mayonnaise in die Mitte der Muffins und an beide oberen Seiten geben. Dann je 1 Bifischeibchen als Nase auf den Mini-Muffin legen. Die Essiggurkenstückchen am oberen Rande als Ohren auf die Mayotupfen legen. Jeweils 2 Mayotupfen in der Augenpartie des Schweinchens anbringen. Je 2 Tomatenwürfel als Augen auf die Muffins legen, Mund mit Mayo zeichnen.

Choco-Crossi-Muffins

Knusprig und schön schokoladig –
genau das, was Kinder lieben.

Gelingt leicht

Zutaten für 24 Mini-Muffins:
Für den Teig:
100 g Choco Crossies
50 g Cornflakes
50 g Zartbitterschokolade
150 g Mehl
1 EL Kakaopulver • 1/2 TL Natron
1 1/2 TL Backpulver
1 Ei • 80 g Zucker
60 ml Pflanzenöl oder 100 g weiche
Butter • 200 g Buttermilch
Für die Backform:
Fett oder 24 Mini-Papier-Backförmchen
Zum Verzieren:
100 g Vollmilchkuvertüre
48 bunte Mini-Schokolinsen
etwa 200 gelbe Fruchtgummi-Stangen

• Zubereitungszeit: 40 Min.
• Backzeit: 15 Min.

Pro Stück etwa: 620kJ/150 kcal

1

Den Backofen auf 180° (Umluft 160°)
vorheizen. Das Muffinblech fetten und
in den Gefrierschrank stellen (Seite 18).
Oder Papier-Backförmchen aufs Backblech setzen.

2

Die Choco Crossies in kleine Stückchen
schneiden. Die Cornflakes in einer Plastiktüte mit einem Teigroller fein zerbrö-
seln. Die Schokolade fein hacken. Das
Mehl mit den Crossies, den Schokostückchen, den Cornflakes, dem Kakao,
dem Natron und dem Backpulver sorgfältig vermischen.

3

In einer Schüssel das Ei leicht verquirlen.
Den Zucker, das Öl oder die Butter und
die Buttermilch dazugeben und gut verrühren. Die Mehlmischung nur so lange
unterrühren, bis auch die trockenen
Zutaten feucht sind.

4

Den Teig in die Blech-Vertiefungen oder
Papierförmchen füllen. Im Backofen
(Mitte) etwa 15 Min. backen. Die Muffins etwa 5 Min. im Backblech ruhen lassen, dann herauslösen (Seite 18) und
auf einem Gitter abkühlen lassen.

5

Die Kuvertüre im heißen Wasserbad
schmelzen. Die Oberseite der Muffins in
die Kuvertüre tauchen und etwas antrocknen lassen (Seite 19). Jeweils 2
Mini-Schokolinsen als Augen auf die
Vorderseite des Muffins legen und mit
Kuvertüre kleine Pupillen aufmalen. Mit
einem scharfen Messer oder Schaschlik-
spieß jeweils 6 Löcher ringsherum in die
Mini-Muffins stechen. Die Fruchtgummi-Stangen als Füße in die Muffins
stecken.

Himbeer-Milchreis-Muffins

Saftig und fruchtig – heiß geliebte Sommer-Muffins.

Raffiniert

Zutaten für 24 Mini-Muffins:
Für den Teig:
200 g Mehl • 1 1/2 TL Backpulver
1/2 TL Natron
1 Ei • 80 g Zucker
1 Päckchen Vanillezucker
60 ml Pflanzenöl
200 g Milchreis (Himbeergeschmack)
50 g saure Sahne
150 g Himbeeren (frisch oder tiefgekühlt)
Für die Backform:
Fett oder 24 Mini-Papier-Backförmchen
Zum Verzieren:
100 g Frischkäse • 50 g Puderzucker
1 Päckchen Vanillezucker
1 EL Zitronensaft
etwa 200 g Mini-Schokolinsen

• Zubereitungszeit: 40 Min.
• Backzeit: 15 Min.

Pro Stück etwa: 520 kJ/125 kcal

Wer möchte, verziert die Muffins noch mit Orangenschale (in Zucker gewälzt) oder mit Streifen von kandierten Früchten.

1

Den Backofen auf 180° (Umluft 160°) vorheizen. Das Muffinblech fetten und in den Gefrierschrank stellen (Seite 18). Oder Papier-Backförmchen aufs Backblech setzen.

2

Das Mehl mit dem Backpulver und dem Natron sorgfältig vermischen. In einer Schüssel das Ei leicht verquirlen. Den Zucker, das Öl, den Milchreis und die saure Sahne dazugeben und gut verrühren. Frische Himbeeren verlesen. Tiefgekühlte Beeren aus dem Gefrierfach nehmen, aber nicht auftauen lassen. Himbeeren unterrühren. Die Mehlmischung zur Eimasse geben und nur so lange verrühren, bis auch die trockenen Zutaten feucht sind.

3

Den Teig in die Blech-Vertiefungen oder die Papierförmchen füllen. Im Backofen (Mitte) etwa 15 Min. backen. Die Muffins etwa 5 Min. im Backblech ruhen lassen, dann herauslösen (Seite 18) und auf einem Gitter abkühlen lassen.

4

Für die Glasur den Frischkäse mit dem Puderzucker, dem Vanillezucker und dem Zitronensaft zu einer glatten Creme verrühren. Die Creme gleichmäßig auf die Muffins streichen. Mini-Schokolinsen dekorativ auf die Muffins setzen.

Orangen-Muffins

Fruchtig und erfrischend sind sie die ideale Stärkung am Kindergeburtstag!

Läßt sich gut vorbereiten

Zutaten für 24 Mini-Muffins:
Für den Teig:
12 Kekse mit Orangenfüllung (150 g)
200 g Mehl
abgeriebene Schale von 1 unbehandelten Orange
50 g Schokotröpfchen
1 1/2 TL Backpulver • 1/2 TL Natron
1 Ei • 80 g Zucker
60 ml Pflanzenöl
50 ml Orangensaft • 150 g Joghurt
Für die Backform:
Fett oder 24 Mini-Papier-Backförmchen
Zum Verzieren:
100 g Puderzucker
2–3 EL Orangensaft
2–3 Karambole (Sternfrüchte)
24 Physalis oder Kirschen

• Zubereitungszeit: 45 Min.
• Backzeit: 15 Min.

Pro Stück etwa: 590 kJ/140 kcal

1

Den Backofen auf 180° (Umluft 160°) vorheizen. Das Muffinblech fetten und in den Gefrierschrank stellen (Seite 18). Oder Mini-Papier-Backförmchen aufs Backblech setzen.

2

Die Kekse in kleine Stücke schneiden. Das Mehl in eine Schüssel geben und mit den Keksen, der Orangenschale, den Schokotröpfchen, dem Backpulver und dem Natron sorgfältig vermischen.

3

In einer anderen Schüssel das Ei leicht verquirlen. Den Zucker, das Öl, den Orangensaft und den Joghurt dazugeben und gut verrühren. Die Mehlmischung zur Eimasse geben und nur so lange verrühren, bis auch die trockenen Zutaten feucht sind.

4

Den Teig in die Blech-Vertiefungen oder Papierbackförmchen füllen. Im Backofen (Mitte) etwa 15 Min. backen. Die Muffins etwa 5 Min. im Backblech ruhen lassen, dann herausnehmen (Seite 18) und auf einem Kuchengitter abkühlen lassen.

5

Für den Guss den Puderzucker mit dem Orangensaft glatt verrühren. Die Oberseite der Muffins in die Glasur eintauchen und diese leicht antrocknen lassen. Für die Verzierung die Sternfrüchte waschen und mit einem scharfen Messer in Scheibchen schneiden. Jeweils 1 Sternfruchtscheibe auf die Muffins legen, je 1 Physalis oder Kirsche in die Mitte setzen.

Muffinblech vorbereiten

1 Das Muffinblech mit weichem Fett (Butter oder Margarine) einstreichen und etwa 10 Min. ins Gefrierfach stellen. Wer kein Gefrierfach hat, stellt es 30 Min. in den Kühlschrank.

2 Durch diesen Trick lassen sich die Muffins nach dem Backen mühelos aus dem Blech holen. Also nur falls nötig am Rand mit dem Messer lösen, dann einfach abheben.

Marzipan verarbeiten

1 Damit man sie gut formen kann, verknetet man 200 g Marzipan-Roh-masse mit 100 g Puderzucker. Wer möchte, färbt Teile oder die ganze Masse mit einigen Tropfen Speisefarbe ein.

2 Davon nimmt man dann jeweils ein kleines Stück ab und formt daraus kleine Tiere wie z.B. Bienen. Ebenfalls möglich: die Masse ausrollen und Motive ausstechen.

Kuvertüre verarbeiten

1 Die Kuvertüre nach dem Abwiegen auf einem Brett mit einem langen Messer in kleine Stücke schneiden. Sie sollen möglichst gleich groß sein, damit sie gleichmässig schmelzen.

3 Werden die ganzen Muffins mit Kuvertüre überzogen, taucht man die Oberseite in die Kuvertüre, stellt die Muffins auf ein Kuchengitter und lässt die Kuvertüre wieder fest werden.

2 Die Stücke kommen dann in ein hitzefestes Gefäß. In einem größeren Topf Wasser warm werden lassen, das Gefäß reinstellen und die Kuvertüre unter Rühren schmelzen lassen.

4 Braucht man sie zum Verzieren, kommt sie in den Spritzbeutel. Als Ersatz einen Beutel nehmen und nach dem Füllen eine Ecke abschneiden. Oder eine kleine Spritze (Apotheke).

Kartoffelbrei-Käse-Muffins

Diese feinen Muffins können gut ein Mittag- oder Abendessen ersetzen.

Schnell

Zutaten für 24 Mini-Muffins:
Für den Teig:
1 Bund Schnittlauch
150 g Mehl
100 g Kartoffelpüreeflocken (Fertigprodukt)
100 g geriebener Emmentaler oder Greyerzer
1 Messerspitze frisch geriebene Muskatnuss
1/2 TL Salz
1 1/2 TL Backpulver
1/2 TL Natron
1 Ei • 50 ml Pflanzenöl
200 ml Milch
200 g saure Sahne
Für die Backform:
Fett oder 24 Mini-Papier-Backförmchen
Zum Verzieren:
50 g Emmentaler oder Gouda
12 Cocktailtomaten
2 EL Crème fraîche

• Zubereitungszeit: 30 Min.
• Backzeit: 15 Min.

Pro Stück etwa: 380 kJ/90 kcal

1
Den Backofen auf 180° (Umluft 160°) vorheizen. Das Muffinblech fetten und in den Gefrierschrank stellen (Seite 18). Oder Papier-Backförmchen aufs Backblech setzen.

2
Den Schnittlauch waschen und in feine Röllchen schneiden. Das Mehl in eine Schüssel geben und mit dem Kartoffelpüree, dem Schnittlauch, dem Käse, dem Muskat und dem Salz, dem Backpulver und dem Natron vermischen.

3
In einer anderen Schüssel das Ei leicht verquirlen. Das Öl, die Milch und die saure Sahne dazugeben und gut verrühren. Die Mehlmischung zur Eimasse geben und nur so lange verrühren, bis auch die trockenen Zutaten feucht sind.

4
Den Teig in die Blech-Vertiefungen oder Förmchen füllen. Im Backofen (Mitte) etwa 15 Min. backen. Die Muffins etwa 5 Min. im Backblech ruhen lassen, dann herauslösen (Seite 18) und auf einem Kuchengitter abkühlen lassen.

5
Für die Verzierung den Käse 1 cm groß würfeln, auf die Muffins setzen. Die Tomaten waschen, halbieren. Tomatenhälften auf die Käsewürfel setzen und mit Crème fraîche-Tupfen als Fliegenpilz verzieren.

Kinderschokolade-Muffins

Lassen Sie Ihre Kinder doch beim Verzieren mithelfen – macht doppelt Spaß!

Braucht etwas Zeit

Zutaten für 24 Mini-Muffins:
Für den Teig:
150 g Kinderschokolade
75 g Sahne • 125 g Mehl
1 Päckchen Schokoladenpuddingpulver
1 1/2 TL Backpulver • 1/2 TL Natron
1 Ei • 50 g Zucker
40 ml Pflanzenöl
100 g Buttermilch
Für die Backform:
Fett oder 24 Mini-Papier-Backförmchen
Zum Verzieren:
100 g Vollmilchkuvertüre
24 Kinder-Schoko-Bons (125 g)
24 Zahnstocher
1 Tube gelbe oder grüne Zuckerschrift
96 Lakritz-Teilchen
6 Mikado-Schokostäbchen

• Zubereitungszeit: 1 Stunde
• Backzeit: 15 Min.

Pro Stück etwa: 800 kJ/190 kcal

1

Den Backofen auf 180° (Umluft 160°) vorheizen. Das Muffinblech fetten und in den Gefrierschrank stellen (Seite 18). Oder Papier-Backförmchen aufs Backblech stellen.

2

Die Schokolade in Stücke schneiden, in der Sahne schmelzen lassen und abkühlen lassen. Das Mehl mit dem Puddingpulver, dem Backpulver und dem Natron sorgfältig vermischen.

3

In einer Schüssel das Ei leicht verquirlen. Den Zucker, das Öl, die Buttermilch und die Schokosahne untermischen. Die Mehlmischung nur so lang unterrühren, bis auch die trockenen Zutaten feucht sind.

4

Den Teig in die Blech-Vertiefungen oder Förmchen füllen. Im Backofen (Mitte) etwa 15 Min. backen. Die Muffins etwa 5 Min. ruhen lassen, dann herausnehmen (Seite 18) und auf einem Gitter abkühlen lassen.

5

Die Kuvertüre im heißen Wasserbad schmelzen. Die obere Muffinshälfte darin eintauchen und leicht antrocknen lassen (Seite 19). Jeweils 1 Schoko-Bon auf einen Zahnstocher stecken, als Köpfchen in die Muffins stecken. Mit der Zuckerschrift Äuglein, Mund und ein Muster auf den Panzer malen. Mit einem Messer vier mal in die Muffins einstechen und jeweils Lakritze als Füßchen in die Muffins stecken. Ein Stückchen des Schokostäbchens als Schwänzchen in die hintere Hälfte der Muffins stecken.

Erdbeer-Schokoriegel-Muffins

Der Beweis, dass Schokoriegel nicht nur am Stück schmecken.

Gelingt leicht

Zutaten für 24 Mini-Muffins:
Für den Teig:
3 Schokoriegel mit Erdbeer-Joghurt-Geschmack (je 34 g)
100 g Sahne • 150 g Mehl
1 Päckchen Schokoladenpuddingpulver
1 EL Kakaopulver
1 1/2 TL Backpulver • 1/2 TL Natron
150 g Erdbeeren
1 Ei • 60 g Zucker
60 ml Pflanzenöl • 150 g Joghurt
Für die Backform:
Fett oder 24 Mini-Papier-Backförmchen
Zum Verzieren:
150 g Vollmilchkuvertüre
12 Erdbeeren
Pistazien, gelbe Zuckerstangen
Mandelsplitter

• Zubereitungszeit: 1 Stunde
• Backzeit: 15 Min.

Pro Stück etwa: 555 kJ/130 kcal

1

Den Backofen auf 180° (Umluft 160°) vorheizen. Das Muffinblech fetten und in den Gefrierschrank stellen (Seite 18). Oder Papier-Backförmchen aufs Backblech stellen.

2

Die Schokoriegel würfeln, in der Sahne schmelzen und abkühlen lassen.

3

Das Mehl mit dem Puddingpulver, dem Kakaopulver, dem Backpulver und dem Natron vermischen. Die Erdbeeren waschen, die Stiele entfernen und die Früchte in grobe Stücke schneiden.

4

In einer Schüssel das Ei leicht verquirlen. Den Zucker, das Öl, den Joghurt, die Erdbeeren und die Schokosahne untermischen. Die Mehlmischung zur Eimasse geben und nur so lange verrühren, bis die trockenen Zutaten feucht sind.

5

Den Teig in die Blech-Vertiefungen oder Förmchen füllen. Im Backofen (Mitte) etwa 15 Min. backen. Die Muffins etwa 5 Min. im Backblech ruhen lassen, dann herausnehmen (Seite 18) und auf einem Kuchengitter abkühlen lassen.

6

Die Kuvertüre im heißen Wasserbad schmelzen. Die Muffins in die Kuvertüre tauchen und etwas antrocknen lassen (Seite 19). Für die Verzierung die Erdbeeren halbieren und jeweils 1 Hälfte auf die Muffins setzen. Die restliche Kuvertüre in eine Plastiktüte füllen und mit einer Schere eine kleine Ecke abschneiden. Die Erdbeerhälften damit, mit Pistazien, Zuckerstangen und Mandelsplittern hübsch verzieren.

Magnum-Clown-Muffins

Eiskalt verwandelt – so gut schmeckt Eis gebacken!

Raffiniert

Zutaten für 24 Mini-Muffins:
Für den Teig:
24 Eiswaffeltüten
50 g weiße Schokolade
150 g Mehl • 50 g gehackte Mandeln
1 1/2 TL Backpulver • 1/2 TL Natron
2 Magnum Eis (je 86 g)
1 Ei • 80 g Zucker
50 ml Pflanzenöl • 100 g Buttermilch
Für die Backform:
Fett oder 24 Mini-Papier-Backförmchen
Zum Verzieren:
100 g weiße Kuvertüre
100 g dunkle Kuvertüre
72 bunte Mini-Smarties
gelbe Fruchtgummistäbchen
bunte Zuckerschrift

• Zubereitungszeit: 50 Min.
• Backzeit: 15 Min.

Pro Stück etwa: 615 kJ/145 kcal

1

Den Backofen auf 180° (Umluft 160°) vorheizen. Das Muffinblech fetten und in den Gefrierschrank stellen (Seite 18). Oder Papier-Backförmchen aufs Backblech stellen.

2

Die Eiswaffeltüten in der Hälfte abschneiden. Die oberen Hälften klein schneiden. Die Schokolade fein hacken. Das Mehl mit den Waffelstückchen, der Schokolade, den Mandeln, dem Backpulver und dem Natron vermischen. Das Eis auf einem Teller mit einem Messer vom Stiel lösen, zerdrücken.

3

In einer großen Schüssel das Ei leicht verquirlen. Den Zucker, das Öl, das Eis und die Buttermilch untermischen. Dann die Mehlmischung nur so lange unterrühren, bis die trockenen Zutaten feucht sind.

4

Den Teig in die Blech-Vertiefungen oder Papierförmchen füllen. Im Backofen (Mitte) etwa 15 Min. backen. Die Muffins etwa 5 Min. im Backblech ruhen lassen, dann herauslösen (Seite 18) und auf einem Gitter leicht abkühlen lassen.

5

Die zwei Kuvertüresorten getrennt im Wasserbad schmelzen. 12 Muffins und Eiswaffeltüten in die helle, 12 in die dunkle Kuvertüre eintauchen und leicht antrocknen lassen (Seite 19). Jeweils 1 Eiswaffel als Hütchen auf die Muffins stecken. Die Mini-Muffins mit bunten Smarties, gelben Fruchtgummistäbchen und der Zuckerschrift zu kleinen Clown-Gesichtchen verzieren.

Mandarinen-Mascarpone-Muffins

Schön bunt und schön saftig – nicht nur bei Kindern groß im Rennen!

Schnell

Zutaten für 24 Mini-Muffins:
Für den Teig:
1 Dose Mandarinen (180 g Abtropfgewicht)
200 g Mehl • 50 g Kokosflocken
1 1/2 TL Backpulver • 1/2 TL Natron
1 Ei • 80 g Zucker
60 ml Pflanzenöl
100 g Mascarpone • 150 g Joghurt
Für die Backform:
Fett oder 24 Mini-Papier-Backförmchen
Zum Verzieren:
150 g Mascarpone
100 g Puderzucker
100 g Kokosflocken
3-4 Kiwis
24 Mandarinenstückchen
12 Mikado-Schokostäbchen

• Zubereitungszeit: 45 Min.
• Backzeit: 15 Min.

Pro Stück etwa: 705 kJ/170 kcal

1

Den Backofen auf 180° (Umluft 160°) vorheizen. Das Muffinblech fetten und in den Gefrierschrank stellen (Seite 18). Oder Papier-Backförmchen aufs Backblech stellen.

2

Die Mandarinen in kleine Stücke schneiden. Das Mehl mit den Kokosflocken, dem Backpulver und dem Natron sorgfältig vermischen.

3

In einer Schüssel das Ei leicht verquirlen. Zucker, Öl, Mascarpone, Joghurt und Mandarinen untermischen. Die Mehlmischung zur Eimasse geben und nur so lange verrühren, bis auch die trockenen Zutaten feucht sind.

4

Den Teig in die Blech-Vertiefungen oder Papierförmchen füllen. Im Backofen (Mitte) etwa 15 Min. backen. Die Muffins etwa 5 Min. im Backblech ruhen lassen, dann herausnehmen (Seite 18) und auf einem Kuchengitter gut abkühlen lassen.

5

Zum Verzieren Mascarpone mit Puderzucker zu einer glatten Creme verrühren. Die Muffins damit ringsum bestreichen und mit Kokosflocken bestreuen. Die Kiwis schälen und in Scheiben schneiden, halbieren und jeweils 2 davon als Flügel auf die Muffins legen. 1 Mandarinstückchen zwischen die Flügel legen. Dann 2 Stücke des Schokostäbchens als Fühler vor die Mandarine stecken.

Monte-Kirsch-Muffins

So schmeckt Pudding nochmal so gut –
als Snack oder auf der Kinderparty.

Gelingt leicht

Zutaten für 24 Mini-Muffins:
Für den Teig:
150 g Schattenmorellen (aus dem Glas)
200 g Mehl • 1 EL Kakaopulver
40 g Schokotröpfchen
60 g gehackte Haselnüsse
2 TL Backpulver
1 Ei • 60 g Zucker
60 ml Pflanzenöl
250 g Monte (Schokopudding)
50 g Sahne
Für die Backform:
Fett oder 24 Mini-Papier-Backförmchen
Zum Verzieren:
100 g Haselnusskuvertüre
12 Kirschen oder Maraschino-Kirschen

• Zubereitungszeit: 30 Min.
• Backzeit: 15 Min.

Pro Stück etwa: 545 kJ/130 kcal

1

Den Backofen auf 180° (Umluft 160°)
vorheizen. Das Muffinblech fetten und
in den Gefrierschrank stellen (Seite 18).
Oder Papier-Backförmchen aufs Backblech stellen.

2

Die Kirschen gut abtropfen lassen und
halbieren. Das Mehl mit dem Kakaopulver, den Schokotröpfchen, den Haselnüssen und dem Backpulver sorgfältig
vermischen.

3

In einer anderen Schüssel das Ei leicht
verquirlen. Den Zucker, das Öl, den
Monte-Pudding, die Kirschen und die
Sahne hinzugeben und gut verrühren.
Dann die Mehlmischung dazugeben
und nur so lange verrühren, bis die
trockenen Zutaten feucht sind.

4

Den Teig in die Blech-Vertiefungen oder
Papierförmchen füllen. Im Backofen
(Mitte) etwa 15 Min. backen. Die Muffins etwa 5 Min. im Backblech ruhen lassen, dann herausnehmen (Seite 18) und
auf einem Kuchengitter gut abkühlen
lassen.

5

Die Kuvertüre im heißen Wasserbad
schmelzen. Die Muffins darin eintauchen und antrocknen lassen (Seite 19).
Die Kirschen halbieren. Die Minis mit je
1 Kirschhälfte verzieren.

Nusscreme-Muffins

Überraschen Sie die Kinderschar nach dem Spielen mit diesen süßen Minis!

Gelingt leicht

Zutaten für 24 Mini-Muffins:
Für den Teig:
200 g Mehl
50 g gehackte Haselnüsse
1 EL Kakaopulver
1 1/2 TL Backpulver • 1/2 TL Natron
1 Ei • 60 g Zucker
60 ml Pflanzenöl
150 g Nussnougatcreme
150 g Buttermilch
Für die Backform:
Fett oder 24 Mini-Papier-Backförmchen
Zum Verzieren:
100 g Puderzucker
1 EL Kakaopulver
3-4 EL Nussnougatcreme
25 g weiche Butter • 1–2 EL Milch
8 EL Haselnusskrokant, gehackte Haselnüsse oder 24 ganze Haselnüsse

• Zubereitungszeit: 45 Min.
• Backzeit: 15 Min.

Pro Stück etwa: 695 kJ/165 kcal

1

Den Backofen auf 180° (Umluft 160°) vorheizen. Das Muffinblech fetten und in den Gefrierschrank stellen (Seite 18). Oder Backförmchen aufs Blech stellen.

2

Das Mehl mit den Nüssen, dem Kakao, dem Backpulver und dem Natron sorgfältig vermischen.

3

In einer Schüssel das Ei leicht verquirlen. Den Zucker, das Öl, die Nussnougatcreme und die Buttermilch dazugeben und gut verrühren. Die Mehlmischung zur Eimasse geben und nur so lange verrühren, bis die trockenen Zutaten feucht sind.

4

Den Teig in die Blech-Vertiefungen oder Papierförmchen füllen. Im Backofen (Mitte) etwa 15 Min. backen. Die Muffins etwa 5 Min. im Backblech ruhen lassen, dann herausnehmen (Seite 18) und auf einem Kuchengitter gut abkühlen lassen.

5

Für die Glasur den gesiebten Puderzucker mit dem Kakao, der Nussnougatcreme, der Butter und der Milch zu einer glatten Creme verrühren. Die Muffins gleichmäßig mit der Creme bestreichen. Nach Belieben mit Krokant oder gehackten Haselnüssen bestreuen oder jeweils mit 1 Haselnuss verzieren.

LUSTIG, LECKER, MEHR!

Hits aus der trendy Küche

ISBN
3-7742-1999-0
36 Seiten

ISBN
3-7742-2000-X
36 Seiten

ISBN
3-7742-2207-X
36 Seiten

Gutgemacht. Gutgelaunt.

Impressum

© 2000 Gräfe und Unzer Verlag GmbH, München.
Alle Rechte vorbehalten. Nachdruck, auch auszugs-
weise, sowie Verbreitung durch Film, Funk und
Fernsehen, durch fotomechanische Wiedergabe,
Tonträger und Datenverarbeitungssysteme jeder Art
nur mit schriftlicher Genehmigung des Verlages.

➤ Temperaturangaben

bei Gasherden variieren von Hersteller zu Hersteller.
Welche Stufe Ihres Herdes der jeweils angegebenen
Temperatur entspricht, entnehmen Sie bitte der
Gebrauchsanweisung. Bei Elektroherden können die
Backzeiten je nach Herd variieren.

Redaktion: Catharina Wilhelm | *Lektorat:* Cornelia
Schinharl | *Umschlaggestaltung:* independent Medie
Design / Claudia Fillmann | *Fotos: Kai Mewes* | *Gra-
fik:* Studio Greif | *Herstellung:* Sandra Stiefel | *Satz*
Computersatz Wirth | *Reproduktionen:* Penta Repro
Druck und Bindung: Alcione

ISBN: 3-7742-2208-8

Auflage:	5.	4.	3.	2.	1.
Jahr:	2004	2003	2002	2001	2000